KB189184

내 마음의 좋은 습관 기르기

# 10대를 위한
# 반야심경

내 마음의 좋은 습관 기르기

# 10대를 위한 반야심경

사이토 다카시 **지음** 이토 햄스터 **그림** 이미령 **옮김**

불광출판사

# 이럴 때 반야심경

《반야심경》(이하 반야심경)의 인기는 참 대단하지요. '경'이란 불교를 창시한 석가모니 부처님의 가르침을 모은 책입니다. 지금부터 천오백여 년 전에 삼장 법사*라고 하는 중국 스님이 인도에서 가져온 반야심경을 한자로 번역했습니다. 그것이 한국과 일본에도 전해져 지금까지도 절에서 늘 독송하고 있지요.

나는 반야심경을 중학생 때 처음 만났습니다. 후지산 가까운 곳에서 캠핑하고 있을 때 친구가 텐트 안에서 불쑥 반야심경을 읊어대기 시작했습니다. 내가 깜짝 놀라자 친구가 말했습니다.

"우리 집 불단** 앞에서 날마다 이 반야심경 외는 게 내 임무거든."

캄캄한 밤, 텐트 안에 울려 퍼지던 기기묘묘한 단어들이 조금 무섭기도 했지만 왠지 모르게 든든했습니다. 무슨 뜻인지는 하나도 몰랐지만 신비롭게 느껴졌습니다. 어른이 되어서 반야심경을 공부했을 때, 그것이 기분 탓만은 아니었음을 알게 됐지요. 왜냐하면 반야심경은 본래 '주문'이기 때문입니다. 무언가를 간절히 바라고 정신을 집중할 때 쓰는 그 주문 말입니다.

여러분도 날마다 이런저런 일들로 마음이 복잡하지요? 가끔은 화가 나고 짜증스럽고 기분이 울적해지기도 하지요? 집에서, 학교에서, 친구들 사이에서 일어나는 일들, 공부나 장래 문제 같은 것들이 원인이지요. 물론 때로는 걱정과 고민이 살아갈 힘이 되기도 합니다. 하지만 마음이 걱정에만 사로잡혀 버리거나 그 기분에만 빠져있으면 아무것도 할 수 없답니다. 짐이 너무 무거우면 그 무게에 짓눌려 한 발자국도 나아가지 못하는 것처럼 말이죠.

그럴 때 반야심경은 권합니다.

"아제아제 바라아제…" 주문을 외우라고 말이지요. 주문을 외워서 마음의 무거운 짐을 비워버리라고 권합니다. 무슨 말인지 모르겠다고요? 그럼 그냥 큰소리로 반야심경을 외운 다음 "휴~"하고 길게 숨을 뱉어버리세요.

여러분이 반야심경의 힘을 빌려서 하루하루 즐겁게 살아가기를 바랍니다.

사이토 다카시(齋藤 孝)

● '손오공' 하면 떠오르는 그 삼장 법사랍니다. '현장'이란 법명을 가진 스님이지요. 삼장은 경(부처님 말씀), 율(지켜야 할 규칙과 계율), 논(가르침을 진지하게 연구한 논문) 세 가지를 담은 바구니입니다. 이 세 가지를 다 꿰뚫은 분이니, 요샛말로 척척박사입니다.

●● 불단은 부처님을 모신 제단이에요. 일본에서는 집 안에 작은 불단을 꾸며놓고 행복을 비는 전통이 있답니다.

# 차 례

**1**장

# 반야심경,
# 이것만 알아도 성공!

# 2 장

# 반야심경,
# 뜻을 알면 더 신비해!

## 이 책의 사용설명서

반야심경에는 마음을 편안하게 가라앉히고, 힘차게 살아가게 도와주는 힌트가 담겨 있습니다. 이 책을 읽으며 반야심경이 우리에게 무엇을 말하고 있는지 알아보기로 해요.

① 메시지

반야심경의 문장을 일러스트와 메시지로 표현해보았어요. 이것부터 먼저 읽어보기로 해요. 그림을 잘 살펴보면 이해하기 쉬울 거예요.

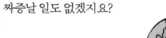

알아봅시다 1

우리가 살아가는 이 세계는
원래는 텅 빈 것일지도 모릅니다.
그렇게 생각하면 뭐 그리 속상하거나
짜증날 일도 없겠지요?

30

## ② 원문

한자로 된 반야심경 원문이지요.
좀 낯설더라도 이 문장을 소리 내어
읽으며 음미해보세요. 특별히 중요한
단어는 진하게 표시해두었어요.

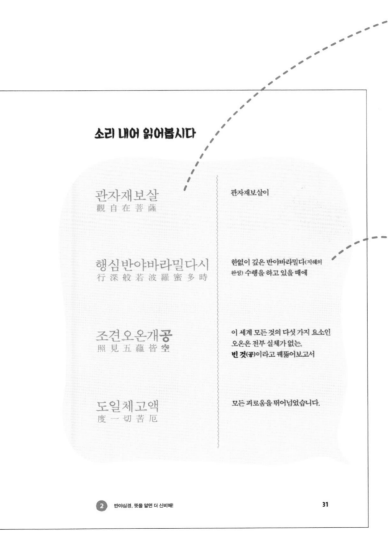

### 소리 내어 읽어봅시다

관자재보살
觀自在菩薩

관자재보살이

행심반야바라밀다시
行深般若波羅蜜多時

한없이 깊은 반야바라밀다(지혜의
완성) 수행을 하고 있을 때에

조견오온개**공**
照見五蘊皆空

이 세계 모든 것의 다섯 가지 요소인
오온은 전부 실체가 없는,
**빈 것(공)**이라고 꿰뚫어보고서

도일체고액
度一切苦厄

모든 괴로움을 뛰어넘었습니다.

## ③ 번역

반야심경의 뜻을 알기 쉽게
풀이했습니다. 원문과 맞춰가면서
한번 살펴보세요.

본문의 ● ●● 설명은 옮긴이가 이해를
돕기 위해 붙였습니다.

## 마음을 차분하게 하는 호흡법

반야심경을 소리 내서 외울 때는 호흡이 중요합니다. 다음과 같이 호흡을 가지런히 하고서 배꼽 아랫부분을 의식하면 마음이 차분해진답니다.

배꼽에서
한 뼘 아래
(단전)

① 배꼽 아래('단전'이라고 부릅니다)를 의식합니다.

② 코로 숨을 들이마시고 그대로 잠시 멈춥니다.

③ 2~3초 뒤 천천히 '후'~ 하고 입으로 길게 숨을 내쉽니다.

 호흡법은 느긋하고 편안하게 진행합니다.
그림처럼 바닥에 앉아서 해도 좋고, 의자에 앉아서 해도 좋습니다.
이 호흡법으로 마음을 가지런히 한 뒤 반야심경을 읽거나 외워보세요.

# 반야심경,
# 이것만 알아도 성공!

반야심경이 어떤 경인지 알고 싶다면

가장 먼저 이 두 가지를 기억하세요.

하나, 반야심경은 주문과 같은 것이고,

둘, '빈 것(공)'이라는 바탕 위에서 어떤 지혜를 알려주는 경이라는 점입니다.

# 강해지고 싶다면 이 주문을!

자, 먼저 반야심경에서 아주 중요한 부분을 소개하지요.
이것은 옛날 사람이 생각해낸 주문인데 한 번 소리 내어 읽어봅시다.

아제아제(가테가테)*

바라아제(파라가테)

바라승아제(파라상가테)

모지사바하(보디스바하)

깨달음!

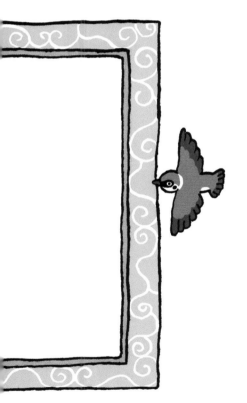

이 말이 무슨 뜻인지는 71페이지에서 설명할 테니 지금은 몰라도 괜찮아요. 일단 이 짧은 문장을 여러 번 읽고 자꾸 되뇌세요. 이 주문이 입에서 저절로 툭 튀어나올 때까지 말이지요. 가슴이 두근두근 콩닥콩닥 뛰거나, 지나간 일이 자꾸 떠오르고 후회될 때, 또 무엇인가에 집중하지 못하고 자꾸 딴생각이 들 때, 바로 이럴 때 이 주문을 소리 내어 말하는 거지요.

**다 외우고 나면 그림처럼 손을 모으고(합장) "깨달음!"이라고 소리 내어 보세요.**

●   괄호 밖은 한문 음이고, 괄호 안은 산스크리트(인도 고대어) 발음입니다.

# 주문은 언제 쓰는 것일까?

반야심경을 소개한다면서 처음부터 너무나 낯설고 이상한 말을 자꾸 소리 내어 외우라고 해서 좀 얼떨떨하지는 않았나요? 혹시 '아제아제' 네 글자가 무슨 뜻인지 알아보겠다면서 인터넷으로 검색하려 드는 건 아니겠지요. '아제아제'는 산스크리트라는 인도의 고대언어예요. 중국 스님들이 염불할 때 편하도록 한자 발음으로 표기한 것입니다. 그러니 네 글자의 뜻을 하나하나 풀이하기보다는 그 **말의 울림이나 리듬을 그냥 느껴보기를 바랍니다.**

여러분은 "수리 수리 마하수리", "열려라, 참깨!", "엄마 손은 약손!"이란 말을 알고 있지요? "악한 기운은 물렀거라!"라면서 악마나 요괴를 물리치는 주문도 있지요. '아제아제'는 바로 그런 주문의 일종입니다. 더구나 2천 년 전부터 이어져 내려온 아주 오래된 주문이랍니다.

악마나 요괴가 진짜로 있는지는 잘 모르겠습니다. 그렇지만 내 마음과는 다르게 나쁜 생각이 들 때 우리는 '악마의 속삭임'이라고 하지요. 이를테면 친구들 사이에서 '저 녀석이 나를 배신하다니! 정말 재수 없어!'라거나, '왜 저 녀석만 잘되는 거야, 나는 왜 이렇게 되는 일이 없지? 정말 짜증 나 죽겠어'라는 생각이 들 때가 있습니다. 누구나 자주 겪는 일이지요.

**불안이나 미움, 화, 질투심, 짜증이 뭉게뭉게 커지면, 그것이 악마처럼 마음을 온통 헤집어 버립니다.** 그러면 평상시 평온했던 나 자신은 사라져버리고 말지요. '이때 이 주문을 외우면 불쾌한 마음들이 날아가버립니다. 그러니 **주문의 힘을 믿고 해보세요'**라는 것이 반야심경의 메시지입니다. 어렵지 않죠? 혹 누군가 "반야심경? 대체 그게 뭔데?"라고 묻는다면, 조금도 머뭇거리지 말고 이렇게 대답하세요.

"아제아제 바라아제!"

아제아제 바라아제!

마음속 불안이 커질 때, 다른 사람을 부러워하는 마음이 점점 커져 질투심으로 바뀌어 부글부글 끓어오를 때, 짜증 나고 우울해질 때, 바로 이럴 때 이 주문이 도와줍니다.

# 한마디로 말하면 '빈 것'

다음 문장은, 반야심경을 이해하는 데 꼭 필요한 '빈 것(공空)'이라는 견해
가 나오는 부분입니다. 아주 짧은 문장인데 큰소리로 읽어보지요.

색즉시공
色 卽 是 空

공즉시색
空 卽 是 色

반야심경의 '공'은 '하늘, 허공'의 뜻이 아니에요. '빈 것' '비어 있음'이란 뜻이랍니다. 그러니 그냥 '공'이라고 읽어야 하지요.

여기에서는 반야심경 전체에 흐르고 있는 '공(빈 것)'이라는 견해를 설명하고 있습니다. '공'이라는 말을 듣고 혹시 머리에 어떤 이미지가 떠오르나요? 만약 그렇다면 그 사람은 반야심경을 아주 잘 파악했다고 할 수 있습니다.

# 빈 것이라니? 뭔데?

반야심경에서 아주 중요한 것은 '아제아제'라고 하는 주문이라고 말했습니다. 이것이 첫 번째 요점입니다. 두 번째 요점은 '이 세상의 진짜 성질(본질)은 빈 것(공)이다'라는 것입니다. 세상에는 온갖 사물이 있는데 그 속을 들여다보면 하나같이 공하다, 즉 실체가 없는, 텅 빈 것이라는 말이지요.

　　가령 양파껍질을 벗긴다고 상상해봅시다. 속에 뭔가(본질)가 있을 것이라며 한 겹 한 겹 벗겨 가다 보면 "어라? 속에 아무것도 없잖아!"하고 알게 됩니다. 어떤 알맹이(실체, 본질)가 있으려니 생각하고 있었는데 그게 없습니다. 그런 게 없으니 텅 비어 있다고 하지요. 여러분도 느껴본 적 있지요?

　　우리는 이 세계를 보고 듣고 접촉하고 있습니다. 그래서 이 세계라는 것이 틀림없이 '있다'고 생각하고 있지요. 하지만 본래는 공하다, 텅 비었다는 것입니다. "아무것도 없어?"라고 하면 불안해질지도 모릅니다. 그렇지만 여러분을 지금 힘들게 하고 있는 여러 가지 일들이 본래는 없는 것이라고 한다면, 어때요? 마음이 가볍고 기분이 좋아지지 않겠어요?

　　우리는 '저 녀석이 나를 미워하고 있는 것 같아!'라고 생각할 때가 있지요. 그러면 몹시 불쾌해집니다. 또는 실제로 일어나지 않을 일을 상상하며 걱정합니다. 본래는 그렇지 않은데도 그렇다고 생각하고는 끙끙거리며 속상해하고 있는 것이지요. 반야심경은 그런 우리에게 "전부 다 착각이야!"라고 소리칩니다.

그렇다면 과학으로 증명되고 있는 것은 절대적인 사실일까요? 지구가 태양 둘레를 돌고 있다는 사실은 수백 년 전까지는 알려지지 않았지요. 과학이란 불확실한 가설을 바탕으로 착오를 되풀이하면서 나아가고 있기 때문에 언제나 절대적으로 맞다고 해서도 안 되는 것입니다.

'전부 착오야! 착각이야! 실체는 없어!' 이렇게 생각할 때 내 마음도 비워집니다. 마음도 공, 온 세상도 공. 그리고 문득 무심해져서 차분해지기 – 이것이 반야심경이 추구하는 '깨달음'이라는 것이지요.

# 반야심경(전문)

마하반야바라밀다심경
摩訶般若波羅蜜多心經

관자재보살  행심반야바라밀다시
觀自在菩薩  行深般若波羅蜜多時

조견오온개공  도일체고액
照見五蘊皆空  度一切苦厄

사리자  색불이공  공불이색
舍利子  色不異空  空不異色

색즉시공  공즉시색
色卽是空  空卽是色

수상행식  역부여시
受想行識  亦復如是

사리자  시제법공상  불생불멸
舍利子  是諸法空相  不生不滅

불구부정  부증불감
不垢不淨  不增不減

시고공중무색  무수상행식
是故空中無色  無受想行識

무안이비설신의  무색성향미촉법
無眼耳鼻舌身意  無色聲香味觸法

무안계  내지  무의식계
無眼界  乃至  無意識界

무무명  역무무명진  내지  무노사  역무노사진
無無明  亦無無明盡  乃至  無老死  亦無老死盡

무고집멸도
無苦集滅道

무지역무득  이무소득고
無智亦無得  以無所得故

보리살타  의반야바라밀다고
菩提薩陀  依般若波羅蜜多故

심무가애  무가애고  무유공포
心無罣碍  無罣碍故  無有恐怖

원리전도몽상  구경열반
遠離顚倒夢想  究竟涅槃

삼세제불  의반야바라밀다고
三世諸佛  依般若波羅蜜多故

득아뇩다라삼먁삼보리
得阿耨多羅三藐三菩提

고지  반야바라밀다  시대신주  시대명주
故知  般若波羅蜜多  是大神呪  是大明呪

시무상주  시무등등주
是無上呪  是無等等呪

능제일체고  진실불허
能除一切苦  眞實不虛

고설반야바라밀다주  즉설주왈
故說般若波羅蜜多呪  卽說呪曰

아제아제  바라아제  바라승아제  모지사바하
揭諦揭諦  婆羅揭諦  婆羅僧揭諦  菩提娑婆訶

관자재보살이

한없이 깊은 반야바라밀다(지혜의 완성) 수행을 하고 있을 때에

이 세계 모든 것의 다섯 가지 요소인 오온은

전부 실체가 없는, 빈 것(공)이라고 꿰뚫어보고서

모든 괴로움을 뛰어넘었습니다.

지혜로운 사리자여,

'색(물질, 모양 있는 것)'은 빈 것(공)과 다르지 않고,

빈 것(공)은 색과 다르지 않습니다.

색은 곧 빈 것(공)이요, 빈 것(공)은 곧 색입니다.

오온의 나머지 요소인 수상행식(느낌·생각·행동·식별)도 이와 똑같습니다.

사리자여, 이 세상에 있는 모든 것은

'빈 것(공)'이 인연 따라 모습(상)을 드러낸 것일 뿐이니

그렇기 때문에 생겨난 적도 없고 없어진 적도 없고,

더러운 적도 깨끗해진 적도 없습니다.

그리고 늘어난 적도 줄어든 적도 없습니다.

그러므로 빈 것(공)에는 색이 없고,

수상행식도 없습니다.

눈, 귀, 코, 혀, 몸, 의지도 없고

각각에 대응하는 모양, 소리, 냄새, 맛, 촉감, 법도 없습니다.

눈(주체)과, 눈으로 보여지는 대상(객체)으로 이루어진 세계가 없으며,

눈 등의 경계와 나아가 의지의 식별 경계까지도 없습니다.

아무것도 모르는 어리석음이라는 것도 없기 때문에

그 어리석음이 다 사라지는 일도 없습니다.

늙고 죽는 일도 없기 때문에 그 늙고 죽음이 끝나는 일도 없습니다.

괴로움이라는 현실도 없고, 괴로움의 원인도 없고,

괴로움이 없어지는 일도 없고, 괴로움을 없애기 위한 수행도 없습니다.

지혜도 없고, 깨달음을 얻었다고 할 것도 없답니다.

얻을 것이 없기 때문에

보살은 반야바라밀다에 의지하므로 마음에 걸릴 것이 없습니다.

걸릴 것이 없기 때문에, 두려울 일도 없습니다.

뒤바뀐 헛된 생각을 멀리 떠나서 완전한 열반에 들어가게 되었습니다.

과거, 현재, 미래의 모든 부처님도

이 반야바라밀다에 의지해서

최고의 깨달음을 얻었습니다.

그러므로 다음과 같이 알아야 합니다.

지혜의 완성이라고 하는 반야바라밀다의

신비한 주문이고, 지혜로운 주문이고,

이보다 더 높은 것이 없는 주문이고, 다른 것과 비할 수 없는 주문은

온갖 괴로움을 없애주는 힘을 가졌고, 진실하여 거짓되지 않습니다.

그러므로 반야바라밀다의 주문을 이제 말하리니,

그것은 다음과 같습니다.

가니 가니 건너가니

건너가서 도착하니

그곳에 깨달음이 있구나.

스바하

## 이야기·1
# 귀가 없는 호이치

옛날 일본에 비파를 연주하면서 '헤이케 이야기'를 재미나게 들려주는 스님이 살았지요. 이 스님의 이름은 호이치(芳一), 앞을 보지 못하는 사람이었습니다. 헤이케 이야기는 '헤이케'라는 무사 가문이 번영하고 쇠멸해가는 과정을 그린 슬픈 이야기입니다.

어느 날 누군가가 호이치 스님을 찾아와서 많은 사람들이 모여 있는 곳으로 데리고 갔습니다. 그리고 이야기의 마지막 부분을 들려달라고 요청했습니다. 그 내용은 헤이케 가문이 멸망하게 되는 단노우라 전투 장면으로, 아주 슬프기 이를 데가 없었지요. 호이치는 마지막 장면을 들려주었고, 사람들은 넋을 놓고 들으면서 하염없이 눈물을 흘렸습니다. 그런데 바로 이곳은 묘지였습니다. 스님에게 이야기를 들려달라고 청했던 사람은 헤이케 집안의 유령이었고요. 유령들이 호이치를 불러와 이야기를 청하고서 감동에 푹 젖은 채 듣고 있었다는 말이지요. 호이치는 앞을 보지 못했기 때문에 이 사실을 까마득히 몰랐답니다.

유령은 매일 밤마다 호이치를 찾아와서 묘지로 데려갔습니다. 이런 모습을 이상하게 생각한 스승이 뒤를 좇았습니다. 마침내 호이치를 불러낸 자가 유령임을 알아차렸지요.

자, 이제 퀴즈가 나갑니다. 호이치의 스승은 유령을 어떻게 물리쳤을까요?

바로 호이치의 온몸에 반야심경을 써두었답니다. 반야심경이 부적이 되어서 망령이 얼씬도 하지 못하도록 말이지요. 그 효과는 대단했습니다. 유령들이 "제발 그만 좀 해!"라고 말했기 때문입니다.

하지만 스승이 깜박 잊고 제자의 귀에까지 반야심경을 적어 넣지는 못했습니다. 그 바람에 호이치는 유령에게 귀를 빼앗겨버렸지요. 그래서 '귀 없는 호이치'라 불리게 되었습니다. 귀에도 반야심경을 써두었다면 얼마나 좋았을까요.

이렇게 반야심경은 그 속에 담긴 뜻을 이해하기보다는 귀신이나 나쁜 기운을  쫓는 강력한 주문이라고 옛날부터 믿어왔고, 그래서 힘들 때면 무조건 반야심경을 주문처럼 외우곤 했지요.

# 신비로운 지혜, 반야

'반야'는 한문으로 '般若'이에요. 단어를 그대로 읽으면 '반약'이지만 '반야'라고 해야 합니다. 우리가 흔히 쓰는 말과는 어딘가 좀 달라 보이고, 뭔가 신기한 소리의 울림을 느낄 수도 있습니다.

'반야'는 '지혜'라는 뜻을 가지고 있습니다. 반야심경은 지혜의 완성을 이루는 최고의 경전이라는, 아주 멋진 뜻을 제목에 담고 있지요.

반야심경이 태어난 인도에는 수많은 언어가 있는데 지혜를 뜻하는 말이 '쁘라쥬냐', '빤냐'입니다. '반야'와 좀 비슷하게 들리지 않나요? 옛 스님들이 반야심경을 중국말로 옮길 때 원래 언어의 소리를 최대한 가깝게 살린 한자를 찾아낸 것이지요. 그래서 한자로 '般若'이라고 쓰게 되었고, 이 한자어를 '반야'라고 읽고 그 발음이 지금까지 불리게 되었지요.

한 번 '반야~'라고 소리 내어 보세요. 신비롭고도 어딘가 힘이 넘치는 소리의 울림이 목안에서 느껴질 것입니다. 그 울림 때문에 반야심경이 그토록 인기를 얻었는지도 모를 일이지요.

# 2 장

# 반야심경,
# 뜻을 알면 더 신비해!

반야심경을 처음부터 읽고

뜻을 알아가 보지요.

반야심경에 담긴 뜻을 익히면

속상한 일로 끙끙 앓거나

짜증이 나서 친구를 때리고 싶은 일은 없어지고

'깨달음'이라는 것이 생겨날지도 모르거든요.

우리가 살아가는 이 세계는

원래 텅 빈 것일지도 모릅니다.

그렇게 생각하면 뭐 그리 속상하거나

짜증날 일도 없겠지요?

# 소리 내어 읽어봅시다

관자재보살
觀 自 在 菩 薩

관자재보살이

행심반야바라밀다시
行 深 般 若 波 羅 蜜 多 時

한없이 깊은 반야바라밀다(지혜의 완성) 수행을 하고 있을 때에

조견오온개공
照 見 五 蘊 皆 空

이 세계 모든 것의 다섯 가지 요소인 오온은 전부 실체가 없는, **빈 것**(공)이라고 꿰뚫어보고서

도일체고액
度 一 切 苦 厄

모든 괴로움을 뛰어넘었습니다.

처음에 나오는 관자재보살은 불교에서 아주 위대한 인물입니다. 관세음보살이라고도 하지요. 불교를 창시한 분은 석가모니 부처님이지만, 이분도 **불교 스타 가운데** 아주 유명하지요. '보살'은 크게 깨달은 사람 혹은 부처님처럼 깨달으려고 노력하는 사람을 가리키는 말이에요.

그런 보살님이 심오한 수행을 해나가고 있을 때에 다음과 같은 내용을 알아차렸다는 것입니다. 나, 그리고 내 친구, 부모님은 물론이고, 이 세상에 존재하는 모든 것은 다섯 가지를 기본요소(오온)로 이루어져 있으며, 이 다섯 가지 요소가 전부 실체가 없는 '빈 것'이라는 사실을 알아차린 것입니다. "세상의 모든 것은 각각 그 바탕에 다섯 가지 요소가 있구나"라고 아는 것도 큰 깨달음인데, 여기에서 한 걸음 더 나아가 "그 다섯 가지(오온)는 전부 실체가 없는, 빈 것(공)이로구나" 하고 깨달았다는 것이지요. 그냥 "아~ 그렇구나" 하고 아는 정도가 아니라 분명하게 꿰뚫어 알았기 때문에 한문으로 조견 照見이라고 합니다.

관세음보살님이 그렇게 지혜로써 꿰뚫어 보았더니 뭐가 좋아졌을까요? 바로 살면서 겪는 괴로움이나 근심을 모두 뛰어넘게 되었다는 겁니다. 이 대목은 **이야기의 기승전결로 말하자면, 기起에 해당**합니다. 보살님이 깨달음의 경지에 이르기 위해 한 발자국 한 발자국 지혜를 얻으며 나아가는 중에 이 세상 모든 것이 전부 빈 것(공)이란 사실을 알아냈다는 말이지요. 어때요? 신기하지요? 반야심경은 이렇게 시작하는 경이랍니다.

## 오온이란 무엇일까요?

오온은 불교 교리 가운데 하나입니다. 오五는 '5', 온蘊은 '쌓다', '무더기', '구성요소'라는 뜻입니다. 그러니까 우리 인간은 다섯 가지 요소가 모여 이루어진 것으로, 그 다섯 가지는 다음과 같습니다.

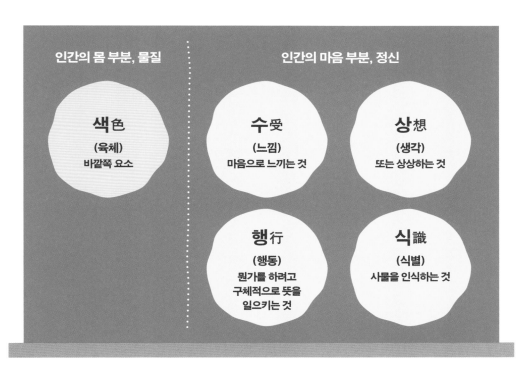

**인간의 몸 부분, 물질**

**색色**
(육체)
바깥쪽 요소

**인간의 마음 부분, 정신**

**수受**
(느낌)
마음으로 느끼는 것

**상想**
(생각)
또는 상상하는 것

**행行**
(행동)
뭔가를 하려고
구체적으로 뜻을
일으키는 것

**식識**
(식별)
사물을 인식하는 것

이것도 없다냥!

반야심경에서는 석가모니 부처님이 말한 이런
요소들이 전부 '빈 것'이라고 부정하고 있지요.

있는 것은 없고, 없는 것은 있다.

무엇인가 오가고 있다고 하지만,

그게 뭐란 말이지?

# 소리 내어 읽어봅시다

사리자
舍 利 子

지혜로운 사리자여,

색불이**공** 　　**공**불이색
色 不 異 **空** 　　**空** 不 異 色

색(물질, 모양 있는 것)은
**빈 것(공)**과 다르지 않고,
**빈 것(공)**은 색과 다르지 않습니다.

색즉시**공** 　　**공**즉시색
色 卽 是 **空** 　　**空** 卽 是 色

색은 곧 **빈 것(공)**이요,
**빈 것(공)**은 곧 색입니다.

수상행식 　　역부여시
受 想 行 識 　　亦 復 如 是

오온의 나머지 요소인
수상행식(느낌·생각·행동·식별)도
이와 똑같습니다.

지금부터는 보살님이 제자에게 들려주는 내용입니다. **기승전결의 승承 부분이지요.**

　　사리자는 석가모니 부처님의 제자 가운데 가장 지혜로운 사람인데 관자재보살님이 "저기요, 사리자님"이라고 그를 부르고 있습니다. 가장 지혜로운 사리자를 불러서 무엇인가를 더 가르쳐 주려는 것이지요. 그게 뭐냐면, "이 세상의 물질적 요소인 '색'이라는 것은 알고 보면 '빈 것(공)'이랍니다. 그리고 빈 것(공)도 바로 색이랍니다"라는 것이지요. '불이(不異)'는 '이것과 저것이 다르지 않다'라는 말입니다. 이 말은 결국 '이것이 바로 저것이다'라는 뜻이기도 하지요.

　　반야심경은 손을 내밀면 만져지고 느껴지는 이 세상 모든 것(색)들이 사실은 실체가 없는 상태(공)라는 것입니다. 그뿐인가요. 실체가 없는 것(공)이 사실은 물질적 요소(색)라고 합니다. 관자재보살님이 사리자에게 이것을 가르쳐 주고 있지요. 말을 해놓고 보니 어째 좀 이상하네요. **정반대 개념인 '없다'와 '있다'가 알고 보면 한 가지**라는 말이잖아요.

　　"왜 자꾸 없다고 하나요? 사물이나 육체는 실제로 있는 거잖아요."
여러분은 이렇게 생각할지도 모릅니다.
　　"그게 아니면, 있는 것 같지도 않고 없는 것 같지도 않다는 말인가요?"

이렇게도 생각할 수도 있습니다. 하지만 아닙니다.

색=빈 것(공)이고, 빈 것(공)이 또한 색입니다. 공과 색 사이를 왔다 갔다 하고 있지요. 그리고 수상행식도 똑같다고 말합니다. 수상행식은 33쪽의 오온 설명 중에서 색 이외의 나머지 네 가지 요소 즉 정신작용이라고 말했습니다. 색수상행식이라는 가장 기본적인 다섯 가지 요소 가운데 첫 번째 색을 말했고, 뒤이어 수상행식도 똑같이 빈 것(공)이며, 이 빈 것이 또한 수상행식이라는 것입니다.

오온이라는 것을 제대로 아는 일도 무척 어려운데, 석가모니 부처님이 그렇게 애써서 밝혀놓은 오온이라는 다섯 가지 요소를 죄다 '실체가 없다'고 부정하고 있습니다. 관자재보살님이 어마어마하게 대담한 일을 저질러놓고 있는데 안타깝게도 석가모니 부처님은 이미 세상을 떠나버리셔서 이의를 달지 못하고 있지요.*

---

* 부처님이 돌아가신 다음 부처님의 사상을 연구하고 발전시키려는 움직임이 끊임없이 있었답니다. 그 한 축으로 '다 함께 깨닫자'는 대승불교 운동이 일어났고, 이 시기에 많은 경전이 쓰여졌습니다. 반야심경은 그중의 하나로, 부처님의 사상을 부정하는 것이 아니라 더 깊이 이해하는 시도라고 할 수 있습니다.

세상엔 절대적인 것이라고는 하나도 없고,

모두가 각각의 세계를

보고 있을 뿐일지도 모르겠네요.

# 소리 내어 읽어봅시다

사리자
舍 利 子

사리자여,

시제법공상
是 諸 法 空 相

이 세상에 있는 모든 것은
'빈 것(공)'이 인연 따라 모습(상)을
드러낸 것일 뿐이니

불생불멸
不 生 不 滅

그렇기 때문에 생겨난 적도 없고
**없어진 적도 없고,**

불구부정
不 垢 不 淨

더러운 적도 깨끗해진 적도
**없습니다.**

부증불감
不 增 不 減

그리고 늘어난 적도 줄어든 적도
**없습니다.**

여기에서는, **온갖 것들을 모조리 "없다, 없다"라며 날려버리고 있습니다.** 모든 것이 빈 것이기 때문에, 애초 빈 것에는 생겨났다거나 사라졌다거나 한 적도 없고 더러워졌다거나 깨끗해졌다거나 한 적도 없습니다. 늘어나거나 줄어드는 일도 물론 없습니다. 생겨난 것은 모두 소멸하기 마련이지요. 그런데 반야심경에서는 '생겨난다'라거나 '없어진다'라는 것 자체가 우리가 그렇게 진짜라고 믿어버린 것일 뿐이라고 말하고 있습니다.

그래도 체중계에 올라가서 "와, 몸무게가 늘었다. 살쪘어"라고 생각한 적이 있을 겁니다. 하지만 그 생각은 착각일 수도 있습니다. 체형이나 아름다움의 기준은 나라에 따라 바뀝니다. 우리나라에서는 살이 쪘다는 소리를 들어도, 다른 나라에서는 "그렇게 말라서 어떡해"라는 말을 들을지도 모릅니다. **여러분이 걱정하고 화내는 일도 기준을 달리해서 생각하면 그다지 큰 문제가 아닐 수도 있습니다.**

'뉴트리노'라는 물질이 있습니다. 작아도 너무 작아서 인간의 몸이나 지구에서 그냥 빠져나가 버리기 때문에 그 존재는 오랜 기간 알려지지 않았습니다. 천체물리학자인 코시바 마사토시(小柴昌俊)가 슈퍼카미오칸데라고 하는 장치를 써서 관측하여, 간신히 알려지게 되었지요. 코시바 선생은 이 발견으로 노벨물리학상을 받았습니다.

뉴트리노의 입장에서 보자면 슈퍼카미오칸데가 있었기에 포착되었을 뿐이지, 관측 장비가 없었다면 우리에겐 없는 물질에 불과한 것이지요. 뉴트리노가 보고 있는 세계에서라면 우리 인간은 아마 구멍이 숭숭 뚫려 있고 투명하며 존재하고 있지 않는 것과 마찬가지일 것입니다.

그렇게 생각해보면, 주변의 경치가 좀 달라 보이지 않나요?

보이는 모습도,

들리는 소리도,

느끼는 맛도,

너와 나는

서로 다르지.

# 소리 내어 읽어봅시다

시고공중무색
是 故 空 中 無 色

그러므로 빈 것(공)에는
색이 **없고,**

무수상행식
無 受 想 行 識

수상행식도 **없습니다.**

무안이비설신의
無 眼 耳 鼻 舌 身 意

눈, 귀, 코, 혀, 몸, 의지도 **없고**

무색성향미촉법
無 色 聲 香 味 觸 法

각각에 대응하는 모양, 소리, 냄새,
맛, 촉감, 법도 **없습니다.**

무안계 내지 무의식계
無 眼 界 乃 至 無 意 識 界

눈(주체)과, 눈으로 보여지는
대상(객체)으로 이뤄진 세계가
**없으며,** 눈 등의 경계와 나아가
의지의 식별 경계까지도 **없습니다.**

반야심경의 "없다, 없다"는 이어집니다. 심지어 **감각기관과 그 대상**(십이처)**까지도 '없다'라고 똑 부러지게 말하고 있네요.**

학교에서 수업을 알리는 종소리를 예로 들어볼까요? 우리에게는 잘 들리는 종소리가 누군가에게는 전혀 들리지 않을 수도 있습니다. 귀에 이상이 없는데도 말이지요. 어떤 아이들은 종소리를 전혀 듣지 못했다면서 교실에 늦게 들어오기도 하잖아요. 또, 캠핑을 가서나 펜션과 같은 곳에서 켜두는 벌레퇴치용 전자파 기계에서 나는 미세한 소리는 어떤가요? 어린이들에게는 잘 들리는데 웬만한 어른들은 전혀 들리지 않는다고도 합니다. 각자가 들을 수 있는 소리의 범위(음역)가 다르기 때문이지요.

게다가 어떤 소리가 누구에게는 아주 기분 좋게 들리지만 또 다른 누군가에게는 그렇지 않게 들리기도 합니다. 대부분의 사람들은 음악을 들으면 기분 좋다고 하지만 개나 고양이에게는 소음으로밖에 들리지 않을 수도 있지요.

나는 폭신폭신한 식빵을 좋아하지만, 그건 나의 취향일 뿐 바삭바삭한 프랑스빵을 맛있다고 하는 사람도 많습니다. **무엇이든 '절대'라고 하는 것은 없으니, 사람에 따라 주어진 조건과 상황에 따라 다른 법입니다.**

## 십이처란 무엇일까요?

석가모니 부처님은 이렇게 봤습니다. '나'는 이 세상을 보고 냄새 맡고 하며 살아갑니다. 그건 바로 눈, 귀, 코, 혀, 몸, 의지의 여섯 가지 감각기관을 가지고 있기 때문입니다. 이 여섯 가지 감각기관을 육근(六根)이라고 합니다. 이 여섯 가지 감각기관으로 상대하는 것에 또 여섯 가지 대상이 있지요. 색, 소리, 냄새, 맛, 촉감, 법의 여섯 가지 인식대상인데, 이것을 육경(六境)이라고 합니다. 살아 있다는 것은 여섯 가지 감각기관을 가진 우리가 주인공(주체)이 되어 바깥세상을 대상(객체)으로 인식하는 것이지요. 이 둘을 합치면 모두 12가지입니다. 그래서 석가모니 부처님은 '이 세상은 열두 군데에 들어간다(십이처)'라는 불교 교리를 제자들에게 들려주었답니다.

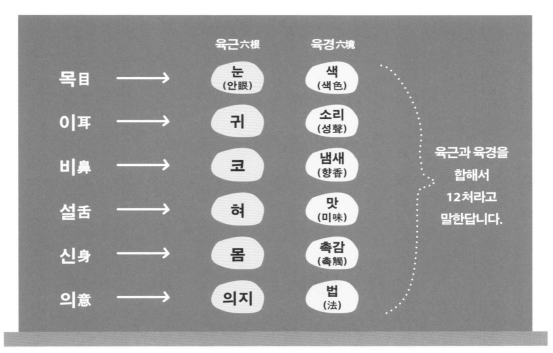

| | 육근六根 | 육경六境 | |
|---|---|---|---|
| 목目 → | 눈 (안眼) | 색 (색色) | |
| 이耳 → | 귀 | 소리 (성聲) | 육근과 육경을 합해서 12처라고 말한답니다. |
| 비鼻 → | 코 | 냄새 (향香) | |
| 설舌 → | 혀 | 맛 (미味) | |
| 신身 → | 몸 | 촉감 (촉觸) | |
| 의意 → | 의지 | 법 (法) | |

아니, 글쎄, 이것도 없다는군요!

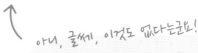

**반야심경에서는 눈이나 귀로 느끼는 것, 그 작용 전부를 부정하고 있답니다!**

괴로움이

원래는 없는 것이라고요?

그렇다면 처음부터 속상할 일도

없다는 말이잖아요.

앗, 뜨거워...

이런 느낌도 없다고??

가마솥
지옥

# 소리 내어 읽어봅시다

무무명
無 無 明

아무것도 모르는 어리석음이라는
것도 **없기** 때문에

역**무**무명진
亦 **無** 無 明 盡

그 어리석음이 다 사라지는
일도 **없습니다.**

내지 **무**노사
乃 至 **無** 老 死

늙고 죽는 일도 **없기** 때문에

역**무**노사진
亦 **無** 老 死 盡

그 늙고 죽음이 끝나는 일도
**없습니다.**

바로 앞에서 '무無'라는 글자가 많이 나왔지요? **부처님 가르침을 처음 만나는 사람들이라면 "이러이러한 것이 있다"라는 것을 잘 이해하고 깨달아야 합니다. 그런데 반야심경은 지금까지 공부해온 것을 '없다'라고 부정하고 있습니다.** 이것도 없고, 저것도 없다고 합니다. 정말로 아무 것도 없고, 하나도 없다는 것입니다.

석가모니 부처님은 지혜가 없는 어리석은 상태(무명)를 뛰어넘으면 괴로움에서 벗어난다고 말씀하셨지요. '명明'은 지혜로써 그런 어리석음을 밝게 비춘 상태를 말합니다. 그런데 반야심경은 "어리석음(무명) 같은 것은 처음부터 없다. 그러니 그 어리석음이 사라지는 일 같은 것은 당연히 없다"고 말하고 있습니다. 늙고 죽는 괴로움이란 것도 처음부터 없는 것이니 번민할 일도 없는 것이지요.

사람이 살면서 왜 그토록 괴로워하고 불안해하는지 그 이유를 차례차례 밝힌 것이 십이연기라는 불교 교리입니다. '십이'라고 하는 걸 봐서, 12단계를 말하는 것이라고 짐작할 수 있겠지요? 반야심경에서는 이 열두 단계를 다 말하려니 너무 길어서 제일 처음의 무명과 제일 마지막의 노사를 대표적으로 들어서 이 둘이 없다고 했답니다. 결국 이것은 괴로움이 생겨나게 된 근본 원인을 밝힌 **열두 가지 단계를 전부 부정**하고 있는 셈이지요.

## 십이연기란 무엇일까요?

십이연기는 석가모니 부처님이 제시한 아주 중요한 교리랍니다.

괴로움은 어디에서 시작된 것인지 깊이 사색한 끝에 열두 단계를 차분히 밝혀냈는데, 그 열두 단계가 서로서로 이어지면서 인간을 비롯한 모든 생명들이 괴로울 수밖에 없었다는 것이지요. 불교에서는 이 열두 단계를 하나씩 깊이 사색하면서 뛰어넘는 것이 바로 괴로움을 없애는 방법이라고 보고 있지요.

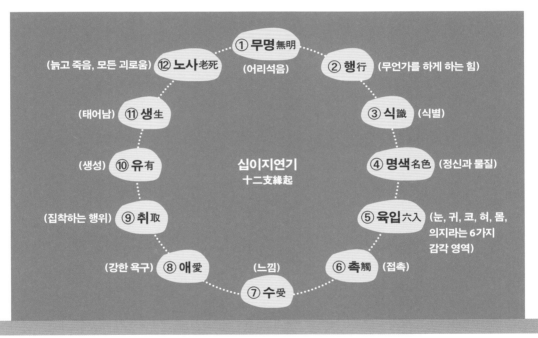

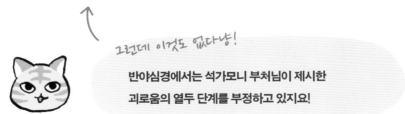

그런데 이것도 없다냥!

**반야심경에서는 석가모니 부처님이 제시한 괴로움의 열두 단계를 부정하고 있지요!**

2 반야심경, 뜻을 알면 더 신비해! 49

이것 때문에

저것 때문에

그렇게나 속상했나요?

하지만

○○ 때문이라는 그런 온갖 원인은,

사실 본래 없는 것일 수도 있어요.

# 소리 내어 읽어봅시다

무고집멸도
## 無 苦 集 滅 道

괴로움이라는 현실도 없고,
괴로움의 원인도 없고,
괴로움이 없어지는 일도 없고,
괴로움을 없애기 위한
수행도 **없습니다**.

또 '무無'로 시작하는 말이 나왔네요. 여기에서는 **괴로움도 없으니, 괴로움을 없애기 위한 길(방법)도 없다**고 말하고 있습니다. 불교의 사성제 팔정도라고 하는 교리를 부정하고 있습니다.

사성제는 괴로움에 대한 네 가지 단계를 말합니다. 괴로움의 네 단계를 착실하게 밟으며 올바르게 살아가야 한다고 석가모니 부처님은 말했지요. 각 단계가 너무나 중요하기 때문에 인생이 괴롭다고 느낀다면 반드시 이 네 단계를 깊이 사색하고 경전에서 일러주는 대로 실천도 해야 합니다. 그만큼 중요한 이치라는 뜻에서 제諦라는 글자를 붙여 고제苦諦, 집제集諦, 멸제滅諦, 도제道諦라고 부르는데, '제'는 이치, 진리를 말합니다. 이것이 바로 네 가지 이치 즉 사제四諦입니다. 무고집멸도無苦集滅道는, 그 사제가 '없다'는 것이지요. 마지막 도제道諦는 마음을 어지럽히는 욕심과 번뇌를 모조리 없애서 괴로움에서 벗어날 수 있는 방법을 말하며, 그 내용은 여덟 가지로 이루어져 있기 때문에 여덟 가지 바른 길 즉 팔정도八正道라고 부릅니다. 이 전부가 석가모니 부처님이 깨달은 길입니다.•

그런데 **바탕이 되는 네 가지, 사성제가 없으니 당연히 이 여덟 가지 구제 방법도 없다**는 말이 됩니다

---

• 석가모니 부처님의 어릴 적 이름은 싯다르타예요. 석가 족의 왕자였지요. 어렸을 때 성 밖으로 나갔다가 노인과 병든 사람, 죽은 사람을 만나면서 아무리 행복해도 인간이란 이렇게 괴로울 수밖에 없음을 뼈저리게 느꼈지요. 이 괴로움을 없앨 수는 없을까를 고민하다가 성을 나와서 수행자가 되어 마침내 부처님이 된 것이지요. 괴로움이 절실한 만큼 오래오래 그 현실을 관찰하고, 그러다가 괴로움의 원인은 무엇인지, 괴로움은 왜 일어나는지를 깨달았고, 마침내 괴로움은 인간의 힘으로 없앨 수 있다고 자신했지요. 단, 괴로움을 없애려면 여덟 가지 올바른 실천을 해야 한다는 것도 잊어서는 안 됩니다. 이것이 바로 사성제와 팔정도랍니다.

사제와 팔정도는 무엇일까요?

괴로움을 없애기 위해 올바르게 살아가도록 불교가 일러주는 삶의 지침입니다.

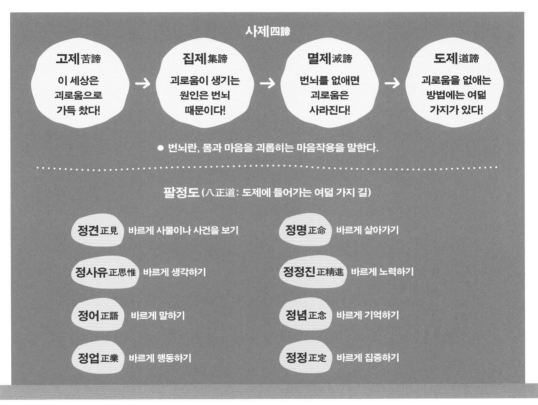

**사제**[四諦]

**고제**[苦諦]
이 세상은 괴로움으로 가득 찼다!

→

**집제**[集諦]
괴로움이 생기는 원인은 번뇌 때문이다!

→

**멸제**[滅諦]
번뇌를 없애면 괴로움은 사라진다!

→

**도제**[道諦]
괴로움을 없애는 방법에는 여덟 가지가 있다!

● 번뇌란, 몸과 마음을 괴롭히는 마음작용을 말한다.

**팔정도**(八正道 : 도제에 들어가는 여덟 가지 길)

**정견**[正見] 바르게 사물이나 사건을 보기

**정명**[正命] 바르게 살아가기

**정사유**[正思惟] 바르게 생각하기

**정정진**[正精進] 바르게 노력하기

**정어**[正語] 바르게 말하기

**정념**[正念] 바르게 기억하기

**정업**[正業] 바르게 행동하기

**정정**[正定] 바르게 집중하기

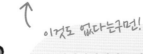

이것도 없다는구먼!

반야심경에서는 석가모니 부처님이 제시한 올바르게 살아가는 방법을 부정하고 있군요.

처음부터 없기 때문에

가질 것도

없는 것이지요.

# 소리 내어 읽어봅시다

무지역무득
無 智 亦 無 得

지혜도 **없고**,
깨달음을 얻었다고 할 것도
**없답니다**.

이무소득고
以 無 所 得 故

얻을 것이 **없기** 때문에

반야심경의 "없다, 없다"는 죽 이어집니다. 지혜라는 것이 있다고 생각하나요? 그것도 없다고 합니다. 이 지혜라는 것은 **깨달음을 얻은 상태, 눈을 떴다**는 뜻이지요.

48쪽에서, 어리석은 상태 즉 무명이라는 것이 없다고 부정했지요. 여기에서는 "깨달음을 얻은 지혜로운 경지"라는 것이 없다고 부정하고 있습니다. 처음부터 존재하지 않는 것은 가질 수가 없는 법이지요.

여기에서는, '무엇'을 얻는 일도 없다고 말하고 있는데요, '무엇'은 바로 다음에 나오는 '열반'을 가리킵니다. 열반은 인도말로 니르바나라고 하는데, 깨달음의 경지입니다. 그런데 어리석음이 없으니, 그 어리석음을 없애어서 **도달하는 깨달음의 경지도 없고, 그런 경지에 들어가는 일도 없다**고 반야심경은 말하고 있지요.

# 반야심경의 '없다, 없다' 시리즈

지금까지 읽은 반야심경에서는 다음의 것을 '없다'고 딱 잘라 말합니다.
그것은 죄다 불교에서 '있다'고 여겨온 것들이지요.

### 오온五蘊

우리의 몸과 마음을 형성하는 다섯 가지 기본 요소. 색, 수, 상, 행, 식.

### 십이처十二處

우리에게는 눈과 귀와 같은 여섯 가지 감각기관이 있고, 그것으로 바깥 세상의 여섯 가지 경계를 느끼고 알고 생각하지요.

### 십이연기十二緣起

무명(무지)으로 시작해서 늙고 죽음의 괴로움이 펼쳐지는, 괴로움이 생기게 된 열두 단계랍니다.

### 사성제四聖諦 · 팔정도八正道

인생의 괴로움을 직시하고 그 괴로움을 없애기 위한 올바른 삶의 지침을 일러두었지요.

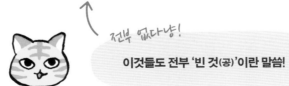

전부 없다냥!

이것들도 전부 '빈 것(공)'이란 말씀!

걱정할 것도 없고,

두려울 것도 없다고 하니

와~ 정말 기쁘지 않나요!!

# 소리 내어 읽어봅시다

보리살타
菩 提 薩 陀

보살은

의반야바라밀다고
依 般 若 波 羅 蜜 多 故

반야바라밀다에 의지하므로

심**무**가애
心 **無** 罣 碍

마음에 걸릴 것이 **없습니다.**

**무**가애고
**無** 罣 碍 故

걸릴 것이 **없기** 때문에,

## 소리 내어 읽어봅시다

무유공포
無 有 恐 怖

두려울 일도 **없습니다**.

원리전도몽상
遠 離 顚 倒 夢 想

뒤바뀐 헛된 생각을 멀리 떠나서

구경열반
究 竟 涅 槃

완전한 열반에 들어가게
되었습니다.

지금까지 온갖 것을 "없다, 없다"라고 말해왔지요. 그런데 눈치챘나요? 지금까지의 내용이 일단락되고 완전히 새로운 흐름에 들어섰다는 사실을 말이지요. 새로운 흐름이란, 반야바라밀다경 즉 이 반야심경을 읽으라고 권하는 내용입니다. **반야심경은 이렇게 멋지답니다~ 그러니 이 경을 외웁시다**, 라고 부탁한다는 말입니다.

'이제껏 죽 없다, 없다고 해왔잖아. 그렇게 전부 다 없다는데 그럼 이제 뭘 어떻게 해야 하는 거지?'

이런 의문이 생겨날 수 있습니다. 그래서 처음에 등장했던 불교의 떠오르는 샛별인 보살님이 다시 등장하게 되는 것이지요. '보살님은 반야심경의 가르침 덕분에 마음에 걸림이 없어졌고, 두려움도 다 사라졌고, 아주 고요하고 평온한 깨달음의 경지인 열반에 도달하신 분이다'라고 반야심경의 효과를 적어둔 것입니다. **반야심경이 마음을 차분하게 가라앉혀 주는 '약'과 같은 것이라고 한다면, 여기에서는 약의 효과가 적혀 있는 것이지요.**

옛날도, 지금도, 앞으로도

올바른 길을 잘 가려서

나아갑시다.

# 소리 내어 읽어봅시다

삼세제불
三世諸佛

과거, 현재, 미래의
모든 부처님도

의반야바라밀다고
依般若波羅蜜多故

이 반야바라밀다에 의지해서

득아뇩다라삼먁삼보리
得阿耨多羅三藐三菩提

최고의 깨달음을 얻었습니다.

이제 반야심경의 클라이맥스로 달려갑니다. 마치 '반야심경은 이렇게나 좋은 것이니 이 반야심경을 읽어보세요'라는 광고라고 해도 좋아요.

삼세란 과거세, 현재세, 미래세를 말하는데 모든 시간을 뜻하지요. 과거세, 미래세, 현재세가 동시에 나란히 펼쳐지는 때도 있답니다. 불교에서는 부처님은 시간을 초월하여 존재하고 있어서, 과거 현재 미래의 모든 시간에 동시에 계신다고 합니다. 그런 부처님이 반야바라밀다라고 하는 지혜의 완성에 의지해서 올바른 깨달음을 얻었다는 것입니다.

올바른 깨달음이란 무엇일까요? 그것은 지금까지 몇 번이나 되풀이해서 말한 "없다, 없다"라고 하는 것입니다. 다시 말해서, **모든 것은 실체가 없는 빈 것**(꽁)이라는 앎이지요.

이것도 없고 저것도 없다고 하면서 "없다, 없다" 시리즈를 이어온 반야심경인데 여기에 와서 "보살님이 깨달으셨다는 것이 바로 이런 걸 거예요"라고 말하고 있습니다. 전부 빈 것이라는 사실을 가르쳐주는 반야심경의 '지혜의 완성'에 의지해서, 이처럼 가장 좋고 올바른 선택을 할 수가 있었지요. 다시 말해서 깨달음을 얻었다는 말입니다. 반야심경은 바로 이렇게 말하고 있습니다.

앞서 16쪽에서 '색즉시공'을 설명했는데, 빈 것(공)이라는 생각은 반야심경에서 특히 중요한 메시지입니다.

지금부터

소중한 주문을

가르쳐 줄게요.

귀담아들어야 해요.

흘려들으면

정말 안 돼요.

# 소리 내어 읽어봅시다

고지 반야바라밀다
故 知 般 若 波 羅 蜜 多

그러므로 다음과 같이
알아야 합니다.
지혜의 완성이라고 하는
반야바라밀다의

시대신주
是 大 神 呪

신비한 주문이고,

시대명주
是 大 明 呪

지혜로운 주문이고,

시무상주
是 無 上 呪

이보다 더 높은 것이 없는
주문이고,

시무등등주
是 無 等 等 呪

다른 것과 비할 수 없는
주문은,

## 소리 내어 읽어봅시다

능제일체고
能 除 一 切 苦

온갖 괴로움을 없애주는
힘을 가졌고,

진실불허
眞 實 不 虛

진실하여 거짓되지 않습니다.

고설반야바라밀다주
故 說 般 若 波 羅 蜜 多 呪

그러므로
반야바라밀다의 주문을

즉설주왈
卽 說 呪 曰

이제 말하리니,
그것은 다음과 같습니다.

이 부분은 마지막 주문에 이어지는 설명입니다. 한 번에 읽어볼까요?

"지혜의 완성이라고 말하고 있는 반야바라밀다의 신비한 주문"이라고 한마디로 끝내지 않고 "지혜로운 주문"이라거나 "이보다 더 높은 것이 없는 주문", "비할 바가 없는 주문"이라는 등, 그 주문을 **여러 가지 말로 멋지게 표현하고 있습니다.** 그뿐만이 아니라 모든 괴로움을 없애주고 진실하고 헛되지 않다고 하지요. 이보다 더 완벽하게 칭찬할 수가 없을 정도로, 다음에 등장한 주문을 아주 대단하게 소개하고 있습니다.

주문이란 말은 앞에서도 몇 번 나왔지만 너무 힘들고 괴로울 때나 어려운 일이 닥쳤을 때 진심을 다해서 소리내어 외는 문구입니다. 그 한마디 한마디가 진실하기 이를 데가 없어서 '진실한 말'이란 뜻의 진언(眞言)이라고도 하지요. 지금까지 지혜의 완성, 지혜의 완성이라고 말해 왔는데 최종적으로는 다음의 주문을 외우라고 말합니다. 반야심경에서 가장 중요한 것이 바로 이 마지막에 등장하는 주문이라고 해도 지나치지 않습니다.

아제~

아제~

바라아제~

바라~ 승아제~

모지~ 사바하 ~

깨달음!

# 소리 내어 읽어봅시다

아제아제
揭 諦 揭 諦

가니 가니

바라아제
婆 羅 揭 諦

건너가니

바라승아제
婆 羅 僧 揭 諦

건너가서 도착하니

모지사바하
菩 提 娑 婆 訶

그곳에 깨달음이 있구나.
스바하

끝! 이상 반야심경을 마칩니다.

반야심경의 마지막 종착지는, 의심을 말끔히 끊어버린 주문입니다. 14쪽에서도 설명했습니다만, 중요한 것은 주문의 내용이 아니에요. **그보다는 소리 내어 외우면서 머리와 마음을 텅 비워 '무심'해지는 것이 더 중요합니다.** '나는 재수가 없었어, 저 녀석이 못 됐어.' 이런 생각이 들 때에 주문을 외면 자기 마음에 있는 것을 일단 내려놓을 수 있습니다. 이 주문을 외우는 것만으로도 무덤덤해질 수 있다는 말이지요. 이것이 핵심입니다. 일단 마음속에 있는 것을 한쪽으로 치워두고서, 온 정신을 집중하여 '아제아제~'라고 외우면 마음에 공간이 생겨서 편안해집니다. 그러니까 **이 주문은 무심해지는 스위치입니다.** 이와 비슷하게 '나무아미타불 관세음보살~'이라고 소리 내어 기도하는 방법도 불교에는 있습니다.

플라시보 효과라는 말을 알고 있나요? '이 약을 규칙적으로 먹으면 병이 낫습니다'라는 말과 함께 의사가 환자에게 약을 건네줍니다. 그러면 약 성분이 들어있지 않은 가짜 약이라도 증상이 사라지는 경우가 있습니다. 가짜 약(위약僞藥)이라고 하지만, 몸에는 절대로 해롭지 않지요. 반야심경을 그와 같은 위약에 견주는 건 실례이지만, 사람 마음은 이론으로는 다 설명할 수 없을 때가 있어서 **믿는다는 것만으로도 몸과 마음이 편안해집니다.**

여러분도 누구에겐가 들었거나 책에서 읽은 문장 가운데 마음에 와 닿는 말이 있을 거예요. 그런 말들은 가슴을 쫙 펴게 해주는 주문과도 같습니다. 그중에서도 반야심경의 주문은 아주 특별한 전통과 신비로운 힘이 있지요.

조금 더 설명하면, "저 멋진 지혜의 완성을 향해 열심히 앞으로 나아가자! 이것이 바로 진짜 깨달음이다!"라는 것입니다. 그리고 주문을 다 외웠다면 두 손을 모으고 "깨달음!"이라고 소리 내어보세요. 그러면 어쩐지 탄탄하게 기운을 받아서 힘이 나는 듯할 것입니다. 꼭 한 번 해보시기 바랍니다.

# 우리 마음은 연습이 필요하답니다

무언가를 깨닫는 데에 너무 이른 때란 없는 법이지요. 나는 그렇게 생각합니다.

인도에서 생겨난 불교는 한국과 일본으로까지 전해졌고 우리 생활에 뿌리내렸습니다. 동양 사람으로서 불교와 깨달음을 이해하고 다른 문화권 사람에게 전해주는 일은 매우 중요하다고 생각합니다.

나는 어릴 때부터 '깨달음'에 관심이 있었습니다. 운동경기 중에 내가 승부수를 던져야 하는 순간, 너무 떨릴 때면 "부처님이라면 긴장하지 않으셨겠지"라고 마음을 다잡았지요. 성공도 실패도 사람이 만든 기준에 불과합니다. 그러니 지금에 집중하고 무심해지는 것! 무심해진 상태가 깨달음입니다.

실제로 여러 분야에서 활약하는 사람들은 어딘가 편안해 보입니다. 마치 깨달음의 경지에 도달해 있는 것처럼 보일 때가 많습니다. 냉혹한 승부의 세계에서 싸우면서도 죽자 사자 온 힘을 다해서 매달리고 있기보다는 그냥 그 세계에 쑥 들어가서 즐기고 있습니다. 바로 이런 때가 최고로 집중하고 힘을 잘 쓰고 있는 최상의 상태인지도 모르겠습니다.

갈피를 잡지 못하고 헤매고 있을 때 깨달음에 의지해서 뛰어넘는 것은 동양인인 우리에게 이어져 내려온 전통입니다. 그러니 깨달음에 너무 이른 때나 늦은 때라는 것은 없습니다. 어린아이라도 깨달을 수 있고, 그럼 되는 거지요.

인생에는 여러 가지 일이 일어납니다. 중요한 시험에서 긴장했다거나 친구 때문에 낙심천만이거나 하는 일이 쉬지 않고 일어나지요. 그럴 때도 반야심경을 외워보시기 바랍니다. 그리고 코로 숨을 들이쉬고서 잠시 멈춘 뒤, 다시 후~ 하고 입으로 길게 내뱉어보십시오. 떨떠름했던 기분이 한순간에 사라지고 마음이 아주 가뿐해질 것입니다. 슬프고 화나고 우울하고 질투 나고 괴로운 일들로 내 마음이 힘들 때마다 반야심경을 외우며 생각하세요. '그래, 이런 부정적인 기분은 처음부터 없었던 거야. 그러니 이 기분에 빠지지 말자.' 그러는 사이 마음은 가벼워지고 다시 힘을 낼 수 있게 될 것입니다.

반야심경의 가르침은 쉬지 않고 요동치는 마음을 없애고, 마음속에 고요함을 갖추기 위한 '마음의 연습'입니다. 연습을 자꾸자꾸 해가다 보면 습관이 되지요. 이런 습관은 틀림없이 여러분의 삶에 든든한 지지대가 되어줄 것입니다.

사이토 다카시(齋藤 孝)

# 진짜 행복해지는 법

나는 불교를 가르치는 일을 합니다. 불교와 관련된 내용이라면 무엇이든 강의하지요! 특히 경전 강의를 가장 좋아해서 반야심경을 쉽게 풀이한 이 책의 번역을 맡아달라고 했을 때도 단박에 "좋아요!"라고 외쳤지요. 사실 반야심경은 260개의 한자로 된 아주 짧은 경전이지만, 그 뜻은 바다처럼 넓고 깊답니다. 하지만 너무 두려워 마세요. 바닷물에 살짝 혀를 대도 짠맛을 느낄 수 있듯이, 이 책이 반야심경의 큰 줄기를 맛보는 데 도움이 될 거예요. 자, 이제부터는 이 책을 더 잘 이해할 수 있도록, 내가 읽은 반야심경 이야기를 들려드릴게요. 찬찬히 들어보세요.

여러분도 힘들고 우울하고 괴로울 때가 있지요? 그 마음을 어떻게 달래나요? 인터넷 서핑을 하거나, 친구를 만나거나, 게임을 한다고요? 좋은 방법입니다. 그런데 생각해보세요. 그런 방법은 잠깐뿐이지 않나요? 우리는 금방 또 다른 일로 괴로워하고 화가 나고 우울해지잖아요. 석가모니 부처님도 비슷한 고민을 하고는 '괴로움을 아예 없애버리는 법'을 찾아 나섰답니다. 밭을 망치는 잡초를 뿌리째 뽑는 것처럼요.

부처님은 오랜 공부 끝에 괴로움을 없애는 방법을 깨쳤습니다. 모든 괴로움은 우리 '마음'에서 시작된다는 것을 알게 된 것입니다. 부처님은 우리에게 권합니다. "짜증나고 힘들어하는 마음을 가만히 들여다보렴." 나를 힘들게 하는 친구들, 성적, 엄마 아빠의 잔소리를 탓하지 말고, 괴롭고 힘든 감정이 일어나는 내 '마음'을 관찰하라는 것입니다. 이를 잘 빗댄 '개와 사자의 이야기'가 있어요. 누군가 돌을 던지면 개는 돌멩이를 향해 달려가지만, 사자는 돌을 던진 사람을 향해 달려들지요. 마음을 들여다보는 일은 사자처럼 진짜 원인을 찾아가는 것과 같답니다.

마음은 무엇일까요? 또 이 마음을 가지고 있는 '나'는 무엇일까요? 여러분도 이런 궁금증을 가져보았을 거예요. 불교는 마음을 잘 설명해준답니다. 오온, 십이처(육근과 육경), 사성제, 십이연기 등, 이 책에는 마음을 만들어내는 것에 대해 잘 설명하고 있어요. 중요한 것은 이 가르침을 잘 새겨서, 이리저리 제멋대로 움직이는 마음을 잘 붙드는 것입니다. 그러면 바깥의 어떤 일 때문에 괴로워하지 않게 되지요. 괴롭지 않으니 기분이 좋아지고 행복해지지요. 부처님의 이런 가르침을 가장 잘 이해한 제자가 바로 반야심경에 나오는 사리자랍니다.

그런데 뜻밖에도 반야심경에서는 관자재보살님이 사리자를 불러서 이렇게 가르침을 주고 있지요. "사리자야, 네가 부처님 가르침을 열심히 공부해서 차곡차곡 지혜를 쌓은 것은 대단한 일이지. 하지만 그게 다가 아니란다. 진짜 행복해지는 법을 알려줄게. 들어보렴." 그러고는 사리자에게 정말로 힘들고 짜증나는 마음에서 **완전히** 벗어나는 법을 가르쳐줍니다. **진짜** 행복해지는 법을 말이지요.

자전거 타기를 예로 들어볼게요. 두발자전거를 처음 배울 때 엄마 아빠가 뒤를 꼭 붙잡아주지요. 흔들흔들, 아슬아슬, 하지만 엄마 아빠가 꼭 잡고 있으니 용기 내서 바퀴를 돌립니다. 불안할 때면 소리도 치지요. "손 떼면 안 돼!" 그러면 엄마 아빠가 대꾸합니다. "그래. 걱정하지 말고 앞만 보고 가!" 그리고 갑자기! 페달을 밟은 두 발이 저절로 움직이는 것처럼 느껴집니다. 짜잔! 두발자전거를 혼자 힘으로 타는 순간이지요.

반야심경을 읽다 보면 자꾸 '없다'라는 말, '빈 것'이라는 말이 나와서 어리둥절할 거예요. 이렇게 생각해보면 어떨까요? 자전거를 타기 위해서는 애초에 보조 바퀴와 부모님의 도움이 필요했지요. 그 덕분에 자전거를 잘 탈 수 있게 됐지만 보조 바퀴나 엄마 아빠의 손에 계속 의지해서는 안 되잖아요. "고맙습니다"라고 인사한 뒤에 과감히 마음에서 그 도움을 비워내야 하지 않겠어요? 그래야 홀로 자전거를 완벽하게 탈 수 있거든요.

사리자가 부처님 가르침에 의지해서 지혜로워진 것은 분명 감사한 일이지만, 그 가르침을 꼭 붙들고만 지낸다면 진짜 자유롭게 살아갈 수 없을 거예요. 반야심경의 관자재보살님은 사리자에게 바로 그것을 일러주고 있답니다.

반야심경에 나오는 알쏭달쏭한 단어나 문장은 천천히 알아가면 됩니다. 이 책을 통해서 '반야심경에서 자꾸 뭐가 없다고 하고 빈 것(공)이라고 하는 이유는, 우리가 완벽하게 홀로 자전거를 탈 수 있도록 인도하는 것이구나' 하는 정도만 알아차려도 아주 멋지답니다.

이 책을 우리말로 옮기면서, 10대 친구들에게 경전을 더 쉽고 재미있게 들려주려면 어떻게 해야 하는지를 진지하게 고민한 바람에 흰 머리카락이 더 늘어났지요.(ᄊᄊ) 하지만 괜찮아요. 여러분들이 경전을 자주 가까이해서, 스스로 마음의 주인이 되고 슬기롭고 기분 좋게 지낸다면 세상은 그만큼 행복해지니까요. 이 책으로 반야심경을 속 시원하게 이해할 수는 없을 거예요. 그러니 더 좋지 않나요? 앞으로 계속해서 반야심경의 문장들을 이해하고 싶어질 테고, 그런 과정이 여러분을 지혜로운 사람으로 변모시켜 줄 거예요. 우와! 그러는 사이 여러분은 부처님이 되실 테지요.

2022년 새해 아침
경전 이야기꾼 이미령 합장

**10대를 위한**

# 반야심경

2022년 2월 11일 초판 1쇄 발행
2023년 5월  4일 초판 2쇄 발행

지은이 사이토 다카시 • 그린이 이토 햄스터 • 옮긴이 이미령
발행인 박상근(至弘) • 편집인 류지호 • 상무이사 김상기 • 편집이사 양동민
편집 김재호, 양민호, 김소영, 최호승, 하다해 • 디자인 쿠담디자인
제작 김명환 • 마케팅 김대현, 이선호 • 관리 윤정안
콘텐츠국 유권준, 정승채
펴낸 곳 불광출판사 (03169) 서울시 종로구 사직로10길 17 인왕빌딩 301호
         대표전화 02) 420-3200  편집부 02) 420-3300  팩시밀리 02) 420-3400
         출판등록 제300-2009-130호(1979. 10. 10.)

ISBN  978-89-7479-992-2 (43220)
값 14,500원

반야심경
마법카드

# 내 마음의 좋은 습관! 이럴 때 반야심경!

## 용기가
## 필요할 때

## 화가
## 날 때

## 걱정이
## 많아질 때

## 미움이
## 일어날 때

화가 나면 일단
숨을 깊게 쉬어보렴.
그리고 마음을 풍선처럼
텅 비우겠다 생각해봐.

아제아제 바라아제
바라승아제
모지사바하!

두려워도 일단 가보자!
힘들어도 일단 해보자!

아제아제 바라아제
바라승아제
모지사바하!

친구나 엄마 아빠,
누군가 미워지면
말과 행동, 모두 멈춤.
마음이 고요해질 때까지!

아제아제 바라아제
바라승아제
모지사바하!

걱정에 물을 주지 마렴!
일단 지금 내가 할 수 있는
일에 집중하자!

아제아제 바라아제
바라승아제
모지사바하!